AF617501

En transición

Guión de Alberto Haller

Ilustrado por Ana Penyas

No hace tanto,
la libertad logró instaurarse en un país desgastado.

Pero fue asaltado e invadido desde dentro.

Saqueado de su memoria.

«Trabaja, calla y reza.

Trabaja, calla y reza...»

Hasta que el tiempo pareció iniciarse de nuevo.

DE
M
UNA
Miércoles, día 3
SEIS
GAL
NIÑO DE
Jueves, día 4
SEIS
PAQU
Sábado, día 6
CINCO
PRECIOS

Pero los dueños de ese tiempo
no lo pondrían fácil.

APRENDE INGLÉS

¡ESCOLES GRATUITES!!
AQUI Y AHORA

IJOS DE LOS OBREROS QUEREMOS ESTUDIAR

LLIBERTAT

ASI TIENE QUE
SER TODO:
PARTICIPANDO

PISOS SI BARRACAS NO

AMNISTÍA TOTA
CREAR

DER POPULAR

Cuentan que el cambio fue modélico.
Pacífico.

ARA,
NZABLE.

OTAN
de entrada
NO
exige que
te escuchen
exige un
referéndum

PSOE

LA CLAUSULA QUE PERMITE LOS AUMENTOS DE ALQUILER
BASTA DE
CONTROL
ABUSOS
QUEREMOS JUSTICI
VECINO

Pero impusieron un olvido forzoso.

El pasado había dejado de existir.

Campbell's
CONDENSED
TOMATO
SOUP

POSA'T GUAPA
BARCELONA
500
1492 · 1992
amnesia

COMPLEJO TURÍSTICO MARAVILLAS *****
GOLF • SPA • RESORT • PLAYA • RESTAURANTE : 963422 2531
NO A LA GUERRA

Pero las cosas
no pasan porque sí...

No pasan porque sí.

El futuro es una empresa colectiva.

Diseño: Irene Bofill

Publicado por Barlin Libros
C/ Dr. Zamenhof, 27
46008 (València)

ISBN: 979-13-87687-00-7 / Depósito legal: V-527-2025

Primera edición: Noviembre de 2017
Segunda edición: Abril de 2025

www.barlinlibros.org